AF252671

DE

JEAN ET SÉBASTIEN CABOT

LES NAVIGATIONS TERRE-NEUVIENNES

DE

JEAN & SÉBASTIEN CABOT

LETTRE
AU RÉVÉREND LÉONARD WOODS

DOCTEUR ÈS LETTRES ET DOCTEUR EN THÉOLOGIE, ANCIEN PRÉSIDENT DU BOWDOIN-COLLÉGE,
A BRUNSWICK, MAINE, ÉTATS-UNIS DE L'AMÉRIQUE SEPTENTRIONALE

LUE EN COMMUNICATION

A LA SÉANCE TRIMESTRIELLE DES CINQ ACADÉMIES DE L'INSTITUT DE FRANCE

LE 6 OCTOBRE 1869

PAR M. D'AVEZAC

DE L'ACADÉMIE DES INSCRIPTIONS ET BELLES-LETTRES.

PARIS
IMPRIMERIE DE E. DONNAUD
9, RUE CASSETTE, 9

1869

AU RÉVÉREND LÉONARD WOODS

DOCTEUR ÈS LETTRES ET DOCTEUR EN THÉOLOGIE, ANCIEN PRÉSIDENT DU BOWDOIN-COLLÉGE

A BRUNSWICK, MAINE, ÉTATS-UNIS DE L'AMÉRIQUE SEPTENTRIONALE.

42, rue du Bac, Paris, ce 15 décembre 1868.

Cher Monsieur,

Vous vouliez bien me rappeler, au mois de juin dernier, que j'avais occasionnellement tenté, plus de dix ans auparavant (dans le *Bulletin de la Société de géographie* de Paris, d'octobre 1857, note K, pages 266 à 278), d'établir un certain ordre dans les notions confuses et contradictoires qui avaient jusqu'alors été recueillies touchant les voyages de découvertes des deux célèbres navigateurs Jean et Sébastien Cabot, au long des côtes de l'Amérique septentrionale ; et la distinction que j'avais proposée, de quatre campagnes successives sous les dates de 1494, 1497, 1498 et 1517, semblait à votre indulgente courtoisie *une théorie nouvelle très-plausible.*

Mais, depuis que je l'avais énoncée, plusieurs documents nouveaux, dus principalement aux fouilles de MM. Rawdon Brown et Georges Bergenroth dans les archives de l'Italie et de l'Espagne, avaient vu le jour, et vous paraissaient avoir été généralement considérés comme offrant un argument décisif en faveur de l'opinion commune que c'est en 1497 qu'aurait eu lieu le

premier voyage : du moins était-ce là l'opinion que professaient
deux de vos plus doctes compatriotes, dans d'érudites observa-
tions suggérées par la carte de Sébastien Cabot au moment où
il en était offert un exemplaire en fac-simile à la Société américaine des antiquaires de Worcester (Massachusetts); observa-
tions qui ont été publiées dans les *Proceedings* de cette Société
pour 1866 et 1867, et que recommandent tout spécialement les
noms de leurs auteurs, le révérend Edward E. Hale, de Boston,
et M. Charles Deane, de Cambridge ; vous y avez ultérieurement
ajouté avec raison un autre nom plus considérable encore, celui
de M. Georges Bancroft, le grand historien des Etats Unis, qui dès
auparavant avait employé des documents alors inédits dans
deux articles biographiques consacrés à Jean et Sébastien Cabot
dans la *Nouvelle Encyclopédie américaine* de Rippley et Dana ; et
je me trouve aujourd'hui moi-même en demeure d'y joindre un
quatrième nom, celui de M. John Carson Brevoort, président de
la Société historique de Long-Island, dont il m'arrive enfin,
après bien des vicissitudes postales, un mémoire sur le voyage
de 1497, imprimé dans le *Magasin historique* de New-York de
mars dernier.

Comme la question est en ce moment à l'ordre du jour
devant la Société historique du Maine, qui médite la publica-
tion d'une histoire *documentée* de cet Etat, vous me demandez,
de sa part, si je regarde les documents nouveaux auxquels
vous faites allusion comme conciliables avec la théorie que
j'avais proposée, et dans tous les cas, si mes idées sur ce
sujet ont subi quelque modification par suite de nouvelles
recherches faites par moi-même ou par d'autres. Mon opinion
mûrement délibérée sur cette question, avez-vous la bonté
d'ajouter, aura la plus haute autorité, tant en Europe qu'en
Amérique, auprès de toutes les personnes qu'intéresse l'étude
des prouesses accomplies par les grands navigateurs de cet
âge héroïque des découvertes, mais qu'embarrassent les diffi-
cultés de cette étude.

Permettez-moi, cher Monsieur, de vous dire tout d'abord combien la solennité de cet appel m'effraye, et combien l'autorité de juge que vous semblez en quelque sorte me déférer dans une cause tant controversée, et non suffisamment éclaircie, éveille en mon esprit de sérieuses perplexités. Aussi n'hésité-je point à décliner un rôle si ambitieux, et me bornerai-je à exposer ce que je crois la vérité, sans aucune prétention d'être cru sur parole, et sans m'interdire non plus de risquer, dans les cas de lacune absolue, quelque conjecture explétive se donnant simplement pour ce qu'elle est, et bien humblement soumise à la merci de quiconque n'en voudra point.

Il y a cinq ans déjà qu'à propos d'une édition de l'un des voyages de Jacques Cartier, pour laquelle on me demandait une introduction historique de quelques pages, mon étude fut ramenée sur toute la série des navigations européennes au long de ces côtes d'Amérique où domine aujourd'hui la race anglo-saxonne, depuis les premiers Irlandais précurseurs des Fénians de nos jours, et les Gallois de Madoc ap Owen, et les Scandinaves d'Islande, de Norvége et des Færœr, jusqu'aux Anglais, aux Portugais, aux Français des XVe et XVIe siècles. Les explorations des deux Cabot, ainsi reprises au milieu de leur cadre naturel, et de nouveau examinées, me parurent telles que je les avais autrefois reconnues : la *Brève et succincte Introduction historique* que j'achevais le 12 août 1863, et qui figure en tête du second voyage de Cartier publié par les frères Tross, fut réimprimée en grande partie dans le cahier de juillet 1864 des *Annales des voyages* de Malte-Brun, où le § (VI) relatif aux Cabot occupe un peu moins de deux pages (77 à 79) et reproduit en un simple récit les résultats que j'avais résumés en 1857 dans le *Bulletin* de la société de géographie parisienne.

Votre dernier appel m'a fait reprendre à nouveau, avec plus de soin, et d'opiniâtre persévérance à poursuivre les documents originaux, cette histoire des navigations terre-neuviennes de Jean et de Sébastien Cabot : j'en ai ébauché une narration où se doivent encadrer, en leur langue propre, les pièces justificatives de chaque fait ; car la nécessité de ne se fier qu'aux textes originaux m'est démontrée de plus en plus par les trahisons proverbialement reprochées, avec trop juste raison, aux traducteurs, et dont il s'est rencontré sur ma route actuelle plus d'un exemple. Mais ces pièces, qu'il faut demander en général aux archives et aux bibliothèques de l'étranger, ne m'arrivent qu'après une attente plus ou moins longue, qui peut retarder beaucoup l'achèvement de ma rédaction. Je ne veux cependant point ajourner plus longtemps une réponse déjà bien tardive, et je me résous à vous mander sommairement l'histoire qui est ressortie pour moi de l'étude, telle que je l'ai pu faire jusqu'ici, des sources originales accessibles à ma curiosité, et pour l'investigation desquelles l'abbé Valentinelli, le marquis d'Adda, M. Buckingham Smith, M. Bergenroth, [M. Rawdon Brown], M. Paul Meyer, m'ont directement prêté le plus obligeant concours, dont je serais ingrat de ne les pas remercier ici.

J'entre immédiatement en matière.

En un lieu quelconque, plus ou moins obscur, de la Rivière de Gênes, sinon dans la cité même des palais, [peut-être précisément à Castiglione], vers le milieu, je suppose, de la première moitié du XV⁰ siècle, était né Jean Cabota, Caboto, ou Cabot, lequel, au commencement de 1460 au plus tard, vint habiter à Venise, s'y maria avec une fille du pays, dont il eut trois enfants, puis, au bout de quinze années de résidence, et du consentement unanime du sénat, exprimé par 149 suffrages, obtint du doge (André Vendramino), le 28 mars 1476, sa naturalisation comme citoyen de Venise (*privilegium civilitatis de intus et extra*). Il s'était, paraît-il, adonné à l'étude de la cosmographie et à la pratique de la navigation : peut-être avait-il recherché les leçons du célèbre cosmographe florentin Paul Toscanelli, et sans doute il avait, dans tous les cas, recueilli, avec l'avidité d'un studieux adepte, les théories professées par le savant vieillard sur la disposition des terres et des mers à la surface du globe: théories qui avaient retenti jusqu'à la cour de Portugal, et y avaient excité une curiosité qu'il satisfit dans une lettre bien connue, adressée de Florence au chanoine Fernam Martins, familier du roi Alphonse V, sous la date du 25 juin 1474, et à laquelle était jointe une carte nautique explicative, représentant l'océan Atlantique borné à l'est par les côtes d'Europe et d'Afrique, et dans l'ouest par celles de l'Asie orientale, avec un intervalle total de 130° de longitude entre Lisbonne et Quinsay, la magnifique capitale du puissant empire du Catay. A 50° en deçà du Catay gisait la grande île de Cipango, ou le Japon; à 30° en avant de Lisbonne se projetait la grande île Antilia ou des Sept Cités, que les cartes du temps indiquaient par delà les Açores, avec quelques autres îles d'un gisement moins assuré, entre lesquelles le nom de Brésil se montrait à diverses places. Une voie directe était ainsi hardiment tracée par le docte Florentin à travers l'Océan occidental jusqu'à cet opulent pays du Grand Can dont le vénitien Marc Polo avait, deux siècles auparavant, vu et raconté les incomparables merveilles!... Des soucis plus prochains, une guerre aux péripéties étranges, détournèrent l'attention d'Alphonse V de ces méditations sur la route maritime des Indes par l'Occident. Mais Cabot, qui dans ses pérégrinations du Levant (*et dice che altre volte esso è stato a la Mecha*) avait appris des caravanes d'Arabie que les épiceries venaient de main en main des pays les plus reculés de l'Orient, Cabot ne pouvait manquer de ruminer en son cerveau d'aventureuses pensées à l'égard de cet horizon lointain où était précisément indiqué l'Orient extrême vers lequel s'échelonnaient, comme des étapes successives, les îles de Brésil et d'Antilia, puis Cipango !...

Le nouveau citoyen de Venise, emmenant sa femme et ses enfants pour aller fonder au dehors, suivant les habitudes cosmopolites vénitiennes, un établissement de commerce maritime, choisit le port anglais de Bristol, dont l'estuaire s'ouvre justement vers ces parages occidentaux où Toscanelli montrai au loin les fortunés rivages du Catay. On peut conjecturer que c'est aux environs de l'année 1477 que la famille Cabot transporta ses pénates en ce port de l'extrême occident européen, car son second fils, Sébastien, que je suppose né vers 1472 ou 1473, était alors tout enfant.

Or, dès 1480, le 15 juillet, voilà qu'il sort de Bristol, pour aller à l'ouest de l'Irlande chercher l'île du Brésil, un navire et son allége, jaugeant 80 tonneaux, appartenant à l'armateur Jay le jeune, et conduits par le plus habile marin qu'il y eût alors dans toute l'Angleterre ; et le 18 septembre suivant, on apprend à Bristol qu'après deux mois de croisière l'expédition est rentrée dans un port d'Irlande sans avoir trouvé l'île cherchée. Ce *magister navis scientificus marinarius totius Angliæ*, je me persuade qu'il n'est autre que Jean Cabot lui-même.

Mais d'un doute passons à une certitude. Nous voici en 1491, et nous savons, pertinemment cette fois, qu'alors commence une série d'explorations consécutives, qui emploient, chaque année, deux, trois, quatre caravelles, sortant du port de Bristol pour aller au gré de Jean Cabot, le Génois, à la découverte des îles du Brésil et des Sept-Cités : c'est ce que mande officiellement à son gouvernement l'ambassadeur espagnol Pierre d'Ayala, dans une dépêche du 25 juillet 1498, à propos du départ d'une grande expédition confiée à ce Génois : *Los de Bristol ha siete años que cada año han armado dos, tres, cuatro caravelas paru ir á buscar la isla del Brasil y las Siete Ciudades con la fantasia deste Ginovés.*

Enfin, dans la quatrième campagne de cette série septennale, au mois de juin 1494, la recherche n'est plus vaine : dans une des légendes qui accompagnent la grande mappemonde elliptique publiée en 1544 par Sébastien Cabot, alors grand pilote d'Espagne, est consignée, tant en espagnol qu'en latin, la déclaration irréfragable que voici, à laquelle se réfère un renvoi exprès pour ce qui concerne la *Tierra de los Bacallaos :* « Cette » terre a été découverte par Jean Cabot, vénitien, et Sébastien

» Cabot, son fils, en l'année de la naissance de Notre Sauveur
» Jésus-Christ, M.CCCC.XCIIII (1494), le vingt-quatre juin [à
» 5 heures] dans la matinée ; à laquelle (terre) on a donné le
» nom de *Première terre vue ;* et à une grande île qui est tout
» près de ladite terre, on lui a donné le nom de Saint-Jean,
» pour avoir été découverte ce même jour. »

C'est bien cette date de 1494, telle que nous la constatons
sur la carte même de Sébastien Cabot conservée à Paris au ca-
binet géographique de la Bibliothèque impériale, qui avait été
pareillement relevée en 1566 à Oxford, sur un exemplaire sem-
blable, par Nathan Kochhaf (*Chytraeus*), et que Hakluyt avait copiée en 1589 au palais de Westminster sur une autre édition gra-
vée par Clément Adams. Une faute typographique (plutôt qu'une
correction arbitraire mal avisée) a altéré cette date, en cette
même citation, dans l'édition postérieure du recueil de Hakluyt :
cela ne vaudrait pas la peine de s'y arrêter, si je n'étais obligé
d'avertir ici que plus d'un lecteur imprudent a pris à l'étourdie,
et sans plus ample informé, la date ainsi corrompue pour celle
que Hakluyt aurait effectivement copiée sur l'exemplaire gravé
par Adams. On ne saurait, d'autre part, infirmer la date de 1494
réellement écrite, sous prétexte que la légende ne serait pas
émanée de Sébastien Cabot lui-même ! Eh ! de qui donc vien-
drait-elle ? Pour moi, en effet, elle remonte originairement à
Jean Cabot, qui l'aurait libellée en italien, et cela explique com-
ment les différentes versions latines qui en ont été faites, iden-
tiques pour le fond, ne sont point exactement semblables en la
forme. Pour la rédaction espagnole, elle est évidemment postérieure à l'établissement de Sébastien Cabot en Espagne. Mais
qu'importe tout cela ? Les légendes appartiennent incontesta-
blement à la carte, car celles qui ne sont pas, à cause de leur
étendue, comprises dans l'intérieur même du dessin, y sont rat-
tachées expressément par des renvois. Et si l'on pouvait douter
un instant que tout l'ensemble fût l'œuvre propre de Sébastien
Cabot, on n'aurait, pour éloigner immédiatement toute hésita-

tion à cet égard, qu'à lire les premières lignes du *Rétulo del auctor*, commençant ainsi : « *Sebastian Caboto, capitan y piloto mayor de la Sacra Cesarea catolica majestad del imperador don Carlos quinto deste nombre y rey nuestro sennor, hizo esta figura extensa en plano, anno del nascimiento de nuestro Salvador Jesu Christo de M.D.XLIIII annos,... etc.* »

Je tiens donc pour désormais incontesté, ainsi que je l'ai toujours considéré comme incontestable, que la première découverte de Cabot eut lieu le 24 juin 1494.

Or, pendant les tentatives répétées de cet intrépide navigateur, à la recherche des Indes par l'Occident, le grand fait de la découverte colombienne s'était accompli, et à la suite étaient venus la promulgation de la bulle papale qui adjugeait ce nouveau monde à l'Espagne, et aussitôt la protestation du Portugal, et la fixation d'une ligne de démarcation, et enfin le traité de Tordesillas du 7 juin 1494. Aussi lorsque Jean Cabot eut entrevu, à son tour, de nouvelles terres, il lui fallut reconnaître qu'à un souverain seul il pouvait appartenir de les déclarer siennes, et d'en conférer le domaine utile au découvreur ; et il eut recours au roi d'Angleterre, Henri VII, pour échapper aux prétentions exclusives de l'Espagne et du Portugal. Peut-être eut-il, dès cet appel à l'intervention royale, à lutter contre les influences jalouses du dehors ; du moins est-il certain que l'ambassadeur castillan, Ruy Gonzalez de Puebla, reçut ordre de sa cour de faire des représentations contre toute entreprise de ce genre : (*Estas cosas semejantes son cosas muy ynciertas y tales que para agora no conviene entender en ellas, y tan bien mirad que à aquellas partes no se puede entender en esto sin perjuyçio nuestro o del rey de Portugal*). Quoi qu'il en soit, le roi d'Angleterre signa enfin à Westminster, le 5 mars 1496, des lettres patentes portant privilége pour Jean Cabot, citoyen de Venise, et ses trois fils, Louis, Sébastien et Sanche, et leurs héritiers ou ayants cause, d'aller par mer, sous le pavillon royal britannique, à la découverte des terres inconnues de l'hémisphère boréal, et d'en prendre légalement possession au nom de la couronne d'Angleterre, pour en jouir exclusivement et héréditairement, lui et les siens, à titre de vassaux et d'officiers du roi, sous la redevance d'un cinquième du bénéfice net des produits, lesquels seraient introduits en franchise de tout droit de douane par l'unique port de Bristol.

Il faut probablement attribuer aux menées de la diplomatie castillane les retards qu'éprouva encore le départ de l'expédition, laquelle ne mit en mer qu'aux premiers jours de mai 1497, sur un petit navire monté par dix-huit hommes d'équipage, dont un Bourguignon et un Génois, mais la plupart Anglais de Bristol. Elle était de retour au commencement d'août, car le roi donnait sur sa cassette, à la date du 10 de ce mois, une gratification de bienvenue de 10 livres sterling *to hym that found the new Isle.* Quelques jours après, le 23 août, le marchand vénitien Laurent Pasqualigo mandait de Londres à ses frères, à Venise, ce qu'il avait appris des résultats de cette campagne : Jean Cabot avait trouvé, à sept cents lieues dans l'ouest, une terre ferme, qu'il avait côtoyée l'espace de trois cents lieues, n'ayant rencontré âme qui vive sur les points où il avait abordé, mais y ayant remarqué cependant des traces d'habitants, notamment des arbres entaillés et des filets pour la chasse du gibier; au retour il avait vu sur sa droite deux îles, où il n'avait point voulu aborder à cause de l'épuisement de ses vivres. Il était rentré à Bristol après une campagne de trois mois, ayant laissé sur les terres par lui découvertes une grande croix, avec la bannière d'Angleterre et celle de saint Marc de Venise.

Quelles étaient ces trois cents lieues de côtes ainsi placées sous le double protectorat britannique et vénitien? On peut en faire l'objet d'une étude spéciale en comparant soigneusement, avec la carte de Sébastien Cabot prise naturellement ici comme type de référence, le dessin plus ou moins grossier des terres sur lesquelles, dans la carte du célèbre pilote espagnol Jean de la Cosa, en date de l'année 1500, flotte une série de pavillons significatifs, accompagnés, dans l'est, du nom de *Cabo de Ynglaterra,*

et dans l'ouest, de l'inscription *Mar descubierta por Yngleses.*
C'est, en somme, dans toute son étendue, ce que trente ans après
les Espagnols appelaient *Tierra de Estevan Gomez.*

Sans m'arrêter à l'accueil enthousiaste que reçut Jean Cabot
après son retour, au titre d'amiral et aux vêtements de soie dont
il se parait, aux concessions d'îles dont il avait gratifié deux de
ses compagnons (*et intrambi se reputano conti, ne monsignor lar-
mirante se estima manco de principe*), sans parler des magnifiques
promesses dont il se montrait prodigue, je viens tout de suite aux
préparatifs d'une nouvelle expédition plus considérable, dont on
s'occupa aussitôt. Le roi signa à Westminster, le 3 février suivant (1498), des lettres-patentes autorisant expressément Jean
Cabot, *ou son représentant dûment autorisé*, à prendre dans les
ports d'Angleterre six navires de deux cents tonneaux de jauge
au plus, avec tous leurs apparaux, aux mêmes prix et conditions
que pour le service royal, et d'y embarquer autant de monde
qu'il s'en présentera de bonne volonté, afin de passer avec lui
aux terres et îles par lui précédemment découvertes au nom et
par le commandement de Sa Majesté. Anghiéra nous apprend que
Cabot fit lui-même les frais d'armement de deux navires (*duo is
sibi navigia propria pecunia in Britannia ipsa instruxit*); trois
autres furent armés par des marchands, et les comptes de la cassette du roi permettent de recueillir, à cet égard, les noms de
Lancelot Thirkill, de Thomas Bradley, et de Jean Carter.

Quelle que soit la raison qui vint, au moment décisif,
mettre obstacle à ce que Jean Cabot conduisît lui-même l'expédition disposée en vertu des lettres royales délivrées à son nom
personnel — (on peut conjecturer assez plausiblement que cette
raison ce fut sa mort inopinée), — la clause de style qui lui substi-
tuait éventuellement *son représentant dûment autorisé* trouva en
cette circonstance son application effective, et ce fut son fils
Sébastien, alors âgé de vingt-cinq ans selon mon estime, qui
prit, au lieu et place du titulaire, le commandement de la petite
flotte de cinq navires portant trois cents hommes et approvi-

sionnée pour un an, qui partit de Bristol au commencement de l'été (*in the begynnyng of somer*), c'est-à-dire approximativement le 21 juin, dans le but d'aller coloniser les terres transatlantiques où l'Angleterre venait de planter son drapeau, et avec l'espoir de pénétrer au delà jusqu'à la région des épiceries (*pensa da quello loco occupato andarsene sempre a riva riva più verso el levante, tanto che'l sia al opposito de una isola da lui chiamata Cipango posta in la regione equinoctiale, dove crede che nascano tutte le speciarie del mondo*). Un coup de vent les assaillit au départ, et l'un des navires, fort maltraité par la tempête, fut obligé de se réfugier en Irlande; mais les autres continuèrent leur route. On arriva en vue de terre plus tôt qu'on ne s'y attendait, par une hauteur d'environ 45°; on suivit d'abord la côte, qui se prolongeait au nord, et l'on alla ainsi jusque vers 55°, 56° ou 58°; la côte alors semblait tourner à l'est, et quoiqu'on fût au mois de juillet, on rencontra de telles masses de glaces que l'on fut obligé de virer de bord; on relâcha, pour se refaire, à la Terre des Bacallaos, que Cabot appela ainsi d'après l'abondance des gros poissons auxquels les indigènes donnaient ce nom; il redescendit ensuite la côte au sud-ouest jusque vers la hauteur du détroit de Gibraltar, par une longitude à peu près égale à celle de la pointe de Cuba; et de là, se trouvant à court de vivres, il reprit la route d'Angleterre; on l'y attendait dès le mois de septembre, mais il n'y était pas encore rentré à la fin d'octobre. Sa campagne avait eu peu de succès : il avait, dit-on, perdu la majeure partie de son monde, et n'avait pu découvrir de passage pour arriver au pays des épices comme il l'avait annoncé: aussi ne reçut-il à son retour qu'un froid accueil, qui ne lui laissa que de tristes souvenirs.

Il se fait alors un long silence sur ce qu'il advint de lui. Continua-t-il à son compte d'autres voyages ? Prit-il quelque part à ceux que firent de nouvelles associations mercantiles où étaient admis des Portugais des Açores, et qui obtinrent des lettres-patentes de concession, d'abord le 19 mars 1501, puis le 9 décembre 1502 ? Le champ est ouvert à la conjecture, mais nul indice de quelque valeur ne s'est encore produit; et mieux vaut sauter à pieds joints par dessus cette lacune historique.

Il est un fait secondaire, afférent à l'année 1502, annoté par le chroniqueur Fabian, et que Hakluyt a, de son chef, mis sur le compte de Cabot, et que même il a ultérieurement, par inadvertance (si ce n'est simplement un *lapsus* typographique), attribué à l'année 1499, savoir, la présentation, au roi, de trois sauvages ramenés de Terre-Neuve ; mais l'équivoque se découvre en remontant à la source, et l'on reconnaît bientôt que c'est à l'association de 1501 qu'il faut restituer le fait du transport en Angleterre de ces trois sauvages.

Le renom de Sébastien Cabot n'était point resté concentré dans les îles Britanniques ; dès longtemps les correspondances officielles des ambassadeurs l'avaient signalé à la cour d'Espagne ; peut-être cherchait-il lui-même de ce côté une revanche de l'indifférence et de l'oubli dont on payait ses services en Angleterre. Lorsqu'après la mort de Henri VII, son successeur, devenu le gendre de Ferdinand le Catholique, fut entré dans la ligue de 1511 contre la France, pendant que Jacques d'Ecosse embrassait le parti opposé, Cabot se tourna résolûment vers l'Espagne, et Ferdinand écrivit, le 13 septembre 1512, à lord Willoughby, commandant en chef des troupes anglaises transportées en Italie par la flotte espagnole, pour lui demander de lui envoyer le navigateur vénitien (qui sans doute se trouvait en ce moment à sa disposition), ce qui se fit sans difficulté. Sébastien Cabot, venu en Castille, y reçut aussitôt, par cédule royale datée de Logroño le 20 octobre 1512, le grade de capitaine, aux appointements de 50,000 maravédis, avec Séville pour résidence en attendant ses ordres. C'est là qu'il se lia avec le célèbre conseiller des Indes, Pierre-Martyr d'Anghiéra, qui le recevait familièrement chez lui, le logeait parfois sous son toit, et avec lequel il se trouvait en cour (*concurialis noster*) vers la fin de 1515, dans l'attente des résolutions royales touchant une expédition projetée pour le mois de mars de l'année suivante. Mais Ferdinand mourut le 23 janvier 1516, avant que les dispositions nécessaires eussent été faites pour l'expédition projetée, et Cabot obtint aisément sans doute un congé pour se rendre en Angleterre, en attendant que le jeune successeur du roi défunt fût venu prendre possession de l'héritage qui lui était échu.

Le célèbre navigateur avait-il déjà reçu, de la part de Henri VIII, ou de son chancelier le cardinal Wolsey, quelque favorable ouverture? Toujours est-il que, longtemps après, dans une épître dédicatoire à très-haut et très-puissant prince Sa Grâce le duc de Northumberland, précédant la version anglaise d'un extrait de la Cosmographie de Sébastien Munster (1553), son *poore Oratour*, Richard Eden, rappelle qu'en la huitième année, environ, du règne de Henri VIII (laquelle est à compter du 22 avril 1516 à pareil jour de 1517), ce monarque avait équipé et expédié certains navires sous la conduite de Sébastien Cabot et de sir Thomas Pert, dont le manque de courage fut cause que le voyage n'eut point de résultat. Ramusio de son côté, dans une épître à Fracastoro, servant de préface au troisième volume de son recueil de *Navigationi et viaggi* (1556), rappelle que Sébastien Cabot lui avait autrefois écrit s'être avancé au nord, le long de la côte transatlantique, jusqu'à 67° 1/2 de latitude septentrionale, où il se trouvait le 12 juin, ayant devant lui la mer libre, et croyant fermement possible de passer par cette voie jusqu'au Catay ; ce qu'il aurait, disait-il, exécuté, si l'opposition du patron et des matelots révoltés ne l'eût forcé à rebrousser chemin. Il était amplement déjà fait allusion à cette entreprise avortée dans un mémoire adressé au roi Henri VIII, en 1527, par Robert Thorne, marchand anglais établi à Séville, qui prêche l'exploration des routes du nord avec une ardeur qu'il déclare avoir héritée de son père (le vieux Nicolas Thorne?), associé de Hugues Eliot de Bristol, découvreurs, eux aussi, des Terres-Neuves, par lesquelles, on le sait maintenant, si les marins avaient été dociles et avaient suivi les desseins de leur pilote,

on aurait gagné les Indes occidentales d'où vient l'or. Tout cela
a été parfaitement exposé, il y a presque une quarantaine d'années, par votre docte et sagace compatriote Richard Biddle de
Pittsburg, Pensylvanie, dont le livre sur Sébastien Cabot, tout
suranné qu'il est en certaines parties, n'en conserve pas moins
une valeur considérable, et me semble donner, sur plusieurs
points, notamment sur celui-ci, la solution à laquelle il faut s'en
tenir.

Au retour de cette expédition, Cabot revint sans doute
immédiatement en Espagne, où il ne tarda point d'être nommé
pilote major, par cédule royale datée de Valladolid le 5 février
1518, avec un traitement additionnel de 50,000 maravédis, plus
25,000 maravédis à titre d'indemnité de dépenses (*ayuda de
costa*), recevant ainsi en total un salaire annuel de 125,000 maravédis, équivalant à environ 300 ducats.

Cependant il était encore l'année suivante, en vertu d'un
congé, en Angleterre, où il recevait du cardinal Wolsey des offres
avantageuses pour conduire une nouvelle expédition de découvertes, en vue de laquelle les navires étaient presque parés,
avec 30,000 ducats destinés aux besoins de l'entreprise. il
répondit que, dans sa position au service du roi d'Espagne, il ne
pouvait, sans la permission formelle de celui-ci, accepter cette
proposition ; et comme il avait en tête d'autres visées, il eut soin
de provoquer secrètement son rappel, et vint reprendre en
Espagne l'exercice de ses fonctions.

Là se termine tout ce qui, dans la carrière de Sébastien Cabot, appartient aux navigations terre-neuviennes, et quelque inté-
rêt que puisse avoir pour son biographe le reste d'une vie qui se
prolongea près de quarante années encore dans une incessante
activité, l'Amérique du nord n'a plus à y chercher d'autres
lambeaux de sa propre histoire. Ici donc doit aussi s'arrêter ma
réponse à la question sur laquelle vous m'avez fait l'honneur de
provoquer de ma part un nouvel examen.

Vous voyez que, sauf quelques détails secondaires sur les-

quels une étude plus attentive a rectifié mes premières détermi-
nations, j'ai rouvé dans les documents exhumés, en ces dix der-
nières années, des archives d'Italie, d'Espagne et d'Angleterre,
une précieuse confirmation de ce que vous vouliez bien appeler
ma plausible théorie. Chacune des quatre campagnes de découvertes que j'avais distinguées dans mes notices de 1857 et
de 1863, se trouve présenter, en effet, quelque trait caractéris-
tique servant à la différencier des trois autres. Et d'abord il faut
les classer en deux groupes, l'un pour la part de Jean Cabot,
l'autre pour la part de Sébastien ; puis, venant aux distinctions
spéciales :

Dans la part de Jean Cabot (qui avait avec lui son fils) :

La première campagne (qu'avaient déjà précédée plusieurs
tentatives infructueuses dont nous devons la révélation aux
fouilles de M. Bergenroth dans les archives de Simancas) est
directement attestée par le témoignage irrécusable de Sébastien
Cabot, qui ne prétend à rien de plus, cette fois, qu'à une *première vue de terre*, avec une île située tout auprès, à la date
du 24 juin 1494 ;

La seconde campagne, qui a duré du commencement de mai
au commencement d'août 1497, est caractérisée par une navigation de trois cents lieues le long d'une côte dont le dessin con-
temporain, reproduit sur la carte monumentale de Jean de la
Cosa, nous montre la bannière britannique au *Cap d'Angleterre*
(que l'on dut atteindre dès la fin de mai 1497, ou au plus tard
dans les premiers jours de juin, et qui n'est autre que la *première terre vue* du précédent voyage), puis sur divers points éche-
lonnés jusqu'au bout de la *mar descubierta por Yngleses*, dont le
littoral paraît n'avoir point alors été abordé ;

Et dans la part exclusive de Sébastien Cabot :

La troisième campagne a pour trait saillant la rencontre des
glaces vers 56° à 58° de latitude septentrionale au mois de juillet 1498 ; puis une relâche à la *terre des Bacallaos ;*

Et enfin la quatrième campagne a pour circonstance propre

de s'être avancée au nord jusqu'à 67° 1/2 de latitude, à la date du 11 juin 1517, ayant alors devant soi la *côte de l'ouest-nord-ouest*.

Il est impossible, pour peu que l'on prenne garde à ces caractères distinctifs, de confondre l'un quelconque des quatre voyages avec aucun des trois autres ; mais si l'on ne prend qu'un médiocre souci de l'exactitude rigoureuse, et que l'on croie suffisant de grouper en quelques phrases élégantes l'ensemble des résultats obtenus par toute une série d'efforts répétés vers un même but, il pourra arriver que, gravement coiffé de la solennelle perruque de lord haut chancelier d'Angleterre, on fasse de ces quatre expéditions successives du père et du fils une seule et même campagne sous la date moyenne de 1498, commençant avec les méditations et les projets du père, et se poursuivant jusqu'au dernier terme de 67° 1/2 de latitude septentrionale atteint longtemps après par le fils : voilà comme l'histoire est *accommodée* par le tant renommé chancelier Bacon de Verulam. Ni vous ni moi, cher Monsieur, ne sommes coiffés de la majestueuse perruque — (les Français ont la légèreté de donner à cela le nom de toupet !...) — à l'abri de laquelle on se permet de telles énormités.

Accueillez avec indulgence ces pages, plus hâtives que je n'aurais voulu, et croyez à la durable persistance des sentiments de haute et sincère estime de

Votre affectueux,

D'Avezac.